AF151875

BEI GRIN MACHT SICH IHR WISSEN BEZAHLT

- Wir veröffentlichen Ihre Hausarbeit,
  Bachelor- und Masterarbeit

- Ihr eigenes eBook und Buch -
  weltweit in allen wichtigen Shops

- Verdienen Sie an jedem Verkauf

Jetzt bei www.GRIN.com hochladen
und kostenlos publizieren

Valeria May

Der französische Einfluss auf den höfischen deutschen Wortschatz

GRIN Verlag

Bibliografische Information der Deutschen Nationalbibliothek:

Die Deutsche Bibliothek verzeichnet diese Publikation in der Deutschen National-
bibliografie; detaillierte bibliografische Daten sind im Internet über http://dnb.d-
nb.de/ abrufbar.

Impressum:

Copyright © 2007 GRIN Verlag GmbH
Druck und Bindung: Books on Demand GmbH, Norderstedt Germany
ISBN: 978-3-656-57508-5

Dieses Buch bei GRIN:

http://www.grin.com/de/e-book/264636/der-franzoesische-einfluss-auf-den-hoefi-
schen-deutschen-wortschatz

1

Valeria May

Der französische Einfluss auf den höfischen deutschen Wortschatz

0. Einleitung: Weddiges Definition des Begriffs „Lehnwort"

Weddige definiert das „Lehnwort" allgemein als Kategorie einer Übernahme eines Wortes aus dem Lateinischen oder aus einer anderen Fremdsprache in die Volkssprache, neben den Bezeichnungen „Fremdwort" und „Lehnprägung" (Weddige 2003:90). Dabei bilden die Eigenschaften des Begriffs „Lehnwort" (phonetische, graphemische und morphologische Kategorien der Sprachwissenschaft oder nach Weddige: „Lautung, Schreibung und Flexion") Unterpunkte der Kategorie „Lehnwort". Die Definition weist dabei jedoch einige Unzulänglichkeiten auf: Durch das Zusammenfallen der Eigenschaften „Lautung" und „Schreibung" ist unklar, wo zum Beispiel das „sprachvermischende" Verfahren, nämlich die Schaffung einer neuen Lateinaussprache bei konstanter Graphemik unter Karl dem Großen in Frankreich einzuordnen wäre (vgl. Lüdtke 1998:870), bei dem es sich ja auch um „Neubildungen" durch Sprachkontakt im weitesten Sinne handelt. Innerhalb der Definition von Weddige scheint des Weiteren die Aussage „[Ein Wort ist Lehnwort, wenn es sich] soweit assimiliert hat, dass es als heimisch gewordenes Wort angesehen wird." (Weddige 2003:90) insofern problematisch, als dass dieses Kriterium auf subjektivem Ermessen zu beruhen scheint, denn die Qualifikation „heimisch" variiert nach der Betrachtung bestimmter Zeitpunkte, zu denen man den Wortschatz betrachtet, und außerdem nach der Betrachtung bestimmter Sprachgemeinschaften in einem bestimmten Sprachraum. Berücksichtigt werden soll deshalb in diesem Essay der historische und geographische Kontext der Entlehnung in Kapitel 1: Die diastratische, diatopische, diachronische Sprachbeeinflussung soll genauer eingegrenzt werden. In Kapitel 2 soll beleuchtet werden, in welcher Hinsicht die sprachwissenschaftlichen Kategorien Lexik und Morphologie (Suffixe) bei dem Einfluss des Französischen betroffen sind.

1. Historische und geografische Eingrenzung

Vennemann verzeichnet in seiner diastratischen Untersuchung von Einflüssen anderer Sprachen auf den Deutschen Sprachstamm zunächst ganz allgemein gefasst, die Beeinflussung durch die italischen (lateinischen, romanischen) kulturellen Superstrate auf das Germanische bei der Herausbildung des Deutschen (Vennemann 2000:262). Als „Superstrateinflüsse" bezeichnet Vennemann diejenigen Spracheinflüsse, die „von oben" kommen, also von Bevölkerungsschichten, die durch ihre gesellschaftliche Position einflussreich waren, wie zum Beispiel Eroberer (vgl. Vennemann 2000:238). Von einem Einfluss des Französischen als romanischer Tochtersprache des Lateins auf das Deutsche kann jedoch erst in mittelhochdeutscher Zeit gesprochen werden, denn die romanischen Sprachen Französisch oder Italienisch selbst haben sich erst etwa seit dem 9.-10. Jahrhundert herausgebildet, so Öhmann (1974:323). Historisch gesehen kam es erst 843 mit dem Vertrag von Verdun in der Nachfolge Karls des Großen zu einer Teilung des Reiches und zur Entstehung der (König-)Reiche Frankreich und Deutschland.

Bei der Betrachtung des Worteinflusses auf das Mittelhochdeutsche ist erwähnenswert, dass sich das Französische aufgrund der europäischen Bevölkerungsdynamik zunächst auch in den Niederlanden ausbreitete, und dieses also dann teilweise über diesen Umweg entlehnt wurde (vgl. z.B. Öhmann 1974:327). So kann man teilweise in den mittelhochdeutschen Lehnwörtern aus dem Französischen noch Spuren der niederländischen Lautentwicklung finden, wie zum Beispiel bei afrz. eschac > mndl. schaec > mhd. schach, weil dem auslautenden mittelniederländischen –c im Mittelhochdeutschen das –ch entsprach (vgl. Öhmann 1974:337).

Genauer im Hinblick auf Ausmaß und Bedeutung des romanischen Einflusses weist Baum (1998:1107) insbesondere auf den französischen Einfluss im 11./12. Jahrhundert hin, der „Ausdruck der führenden Rolle des französischen Rittertums und der in seinem Umfeld seit der Mitte des 12. Jahrhunderts entstandenen höfischen Kultur" gewesen sei. Als kulturelle Einflüsse, die dazu führten, dass sich französische Sprachphänomene im deutschen Sprachraum ausbreiteten, nennt Öhmann (1974:327) neben der Blüte des französischen Rittertums und höfischen Lebens vor allem

- die Kreuzzüge im 11. Jahrhundert als gemeinsame kriegerische Unternehmung von Deutschen und Franzosen

- Mischehen zwischen deutschen Adeligen und französischen
- Einfluss durch die französische Literatur, insbesondere der Artusepik Chretien de Troyes

Ganz markant und mit Sicherheit folgenreich ist Lüdtkes Bemerkung zur wissenschaftlichen Vorgehensweise bei der Untersuchung des Lehnwortschatzes im Mittelalter: Lüdtke verwirft, dass statistische Ausarbeitungen Aussagen über den Beginn und das tatsächliche Ausmaß der Verwendung von Lehnwörtern liefern könnten, und zwar aufgrund der Diskrepanz von Mündlichkeit und Schriftlichkeit in der traditionellen Überlieferung. Gerade in der höfisch-ritterlichen Kultur des Mittelalters habe die Kunst des Lesens und Schreibens eine Nebenrolle gespielt (Lüdtke 1998:873). Zum Beispiel verlieren die Statistiken über die relativen Mengenverhältnissen zwischen Entlehnungen u.a. in von Polenz[1] damit ihren Exaktheitsanspruch, da er Aussagen über das quantitative und qualitative Ausmaß der deutschen Lehnwortbildung nur aufgrund von Texten trifft und als Belege nur Textcorpi anführt. Öhmann hingegen gesteht den heute erhaltenen schriftlichen Quellen über den französischen Einfluss auf das Mittelhochdeutsche trotz der „Lückenhaftigkeit und Verschiedenartigkeit des uns erhaltenen Schrifttums" zumindest Aussagen über Zunahme oder Abnahme des französischen Einflusses „in groben Umrissen" zu (Öhmann 1974:333).

2. Lexikalische und morphologische Einflüsse

Stellt man nun die Frage nach der *Qualität* der Entlehnung, so kann man dabei nach den am stärksten betroffenen Kategorien der Sprachwissenschaft klassifizieren. Generell formuliert Vennemann (2000:254), dass Syntax und Idiomatik wie Zählsysteme Denkmuster seien, „von denen sich die Substratsprecher nur mühsam – und oft genug gar nicht – trennen", anders als bei der Lexik und Morphologie, bei denen sich Entlehnungen schneller wiederfinden.

Superstrat war der französische Einfluss auf das Mittelhochdeutsche, weil die höfische Kultur, die in Frankreich bestand, in Europa durch ihren hohen gesellschaftlichen Stellenwert Einfluss auf die anderen europäischen Länder ausübte. Man findet deshalb vorwiegend Entlehnungen in der „ritterlichen Fachsprache und in

---

[1] Peter von Polenz. Deutsche Sprachgeschichte vom Spätmittelalter bis zur Gegenwart (Bd. 2). Berlin, New York 1994. (Insbes. S. 77-84, 94-101).

4

der Sondersprache der höfischen Welt", wie Baum (1998:1107) bemerkt. In der Lexik findet man zum Beispiel konkrete Bezeichnungen für „[…] die Kämpfe und Spiele, die Rüstung und die Kleidung, die Standesbezeichnungen, das gesellige Leben usw. der Angehörigen des Ritterstandes […]" (Öhmann 1974:329). Beispielsweise findet man in Wolframs „Parzival" den auf das französische zurückgehende Ausdruck „gabylot" (Parzival 120,16) für einen Wurfspieß, mit dem der Romanheld bewaffnet ist, als er durch den Wald zieht. Es sind aber auch Verben, Adjektive, Präpositionen und Interjektionen entlehnt (vgl. Öhmann (1974:331). Des Weiteren ist zu erwähnen, dass auch ganze Phrasen und Wendungen der französischen höfischen Dichtung mit ihren stilistischen Eigenarten Einzug in den mittelhochdeutschen Wortschatz gefunden haben (vgl. Öhmann 1974:332).

Aber außer der gänzlichen Übernahme aus dem Französischen, so als handelte es sich um normale französische Wörter, wurden auch französische Wortbildungs-mechanismen imitiert. Es kam zum Beispiel zum Anhängen eines französischen Ableitungssuffixes an ein einverleibtes lateinisches Lexem (Bsp.: Nerv, nervös, Nervosität; Form, formell, Formalität) (Lüdtke 1998:874). Suffixe, von denen vermutet wird, dass sie dem Französischen entlehnt wurden, sind beispielsweise –ieren oder auch –ier im Mittelhochdeutschen (z.B. schevalier (Ritter)), oder auch die Endung –tet im Mittelhochdeutschen, die heute –tät lautet[2]. Bemerkenswert dabei ist, dass französische grammatische Morpheme in der mittelhochdeutschen Sprache produktiv werden konnten, dass also Lexeme in die Sprache einverleibt wurden mit Hilfe eines französischen Ableitungssuffixes, anstatt nahe liegender Weise, z.B. bei Substantiven, vom obliquen Kasus auszugehen und die Ableitungssuffixe nach einheimischem deutschen Muster umzugestalten. Dieses letztere Prinzip nennt Lüdtke (1998:870) „mot savant" (zu deutsch etwa „wissenschaftliche Entlehnung"), und er zeigt auf, dass dieses Phänomen zum Beispiel im 9. Jhd. in Frankreich bei der Wortentlehnung aus dem Latein aufzufinden ist (Bsp.: elementum > élément (/elema/), aktio, -onem > action (/aksjo/)).

In die Sprachen der germanischen Völker des Mittelalters wurden also sowohl Elemente aus dem Wortschatz des französischen Rittertums, als auch Wortbildungs-mittel (Endungen) entlehnt. Es entstanden aber auch neue Wortschöpfungen im

---

[2] vgl. Öhmann 1974:334-335 und auch seine anderen Suffixstudien; Lüdtke 1998:874

Mittelhochdeutschen (Lehnprägungen) aufgrund des französischen Einflusses sowie Lehnübersetzungen. Im sprachpragmatischen Bereich wurde die höfische Anrede (Ihrzen) übernommen (vgl. auch König 1996: 87).

3. Weitere Entwicklung, Ausblicke

Öhmann macht den seit Ende des 13. Jahrhunderts eintretenden Niedergang des Rittertums für das „unverkennbare" Nachlassen des französischen Einflusses seit der Jahrhundertwende 13./14. Jahrhundert verantwortlich (Öhmann 1974:335). Rosenqvist beobachtet hingegen bei seiner Untersuchung des französischen Einflusses auf die mittelhochdeutsche Sprache in der ersten Hälfte des 14. Jahrhunderts, dass trotz des Verfalls des Rittertums die Entlehnungen aus dem Französischen nicht aufhörten (Rosenqvist 1932:26). Diese Diskrepanz in den Untersuchungen zur Quantität der Entlehnungen hängt wahrscheinlich damit zusammen, dass Rosenqvist noch (entgegen z.B. Lüdtke (1998) siehe oben) der Meinung ist, dass die historischen niedergeschriebenen Dokumente in Form von Literatur ihm „trotz der mangelhaften Überlieferung" ein „treues Bild" der kulturellen Entwicklung im 14. Jahrhundert lieferten (Rosenqvist 1932:23).

„Von den zahlreichen Lehnwörtern aus dem Französischen […] haben sich […] nur noch wenige im Neuhochdeutschen erhalten", schreibt Weddige (2003:92). Es soll jedoch darauf hingewiesen werden, dass sich der französische Einfluss in der Neuzeit durchaus noch in den Mundarten wiederfindet, oder von der adeligen höheren Schicht in die niedrigeren (bäuerlichen) Schichten abgesunken ist und zur Bezeichnung landwirtschaftlicher Geräte dient, wie Lüdtke (1998:873) aufzeigt.

Abschließend soll auf die Bedeutung von Wortentlehnungen verwiesen werden: Sprachverhalten wird beim Sprachkontakt der Völker eben nicht nur „biologisch" durch kulturelle Konditionierung gelenkt, sondern hängt beim Menschen auch von emotionalen oder rationalen Entscheidungen ab. So kann man zwischen unbewusster / rein pragmatischer Nachahmung („Bedürfnislehnwörtern") oder so genannten „Luxuslehnwörtern" (beide: Öhmann 1974:346) unterscheiden, die bewusst dazu eingesetzt werden, in der Literatur das „höfische Lokalkolorit zu schaffen und ihrer Sprache äußeren Glanz zu verleihen" (Öhmann 1974:346) oder gar um zu „imponieren". „Je tiefer die Zweisprachigkeit geht und je mehr sie auf echter sprachlicher Bildung

6

beruht", merkt Lüdtke (1998:875) jedoch an, „umso bewusster werden Sprachen auseinander gehalten."

Literatur:

Baum, Richard. „Französisch als dominante Sprache Europas". In: W. Besch u.a. (Hgg.). *Sprachgeschichte: Ein Handbuch zur Geschichte der deutschen Sprache und ihrer Erforschung.* Berlin, New York 1998 (Handbücher zur Sprach- und Kommunikationswissenschaft 2,1).

König, Werner. *Dtv-Atlas zur deutschen Sprache: Tafeln und Texte.* München 1996.

Lüdtke, Helmut. „Französisch und Frankoprovenzalisch/Deutsch". In: W. Besch u.a. (Hgg.). *Sprachgeschichte: Ein Handbuch zur Geschichte der deutschen Sprache und ihrer Erforschung.* Berlin, New York 1998 (Handbücher zur Sprach- und Kommunikationswissenschaft 2,1).

Öhmann, Emil. „Der romanische Einfluss auf das Deutsch bis zum Ausgang des Mittelalters". In: Friedrich Maurer und Heinz Rupp. *Deutsche Wortgeschichte.* Berlin, New York 1974. (Band I).

Rosenqvist, Arvid. „Der französische Einfluss auf die mittelhochdeutsche Sprache in der ersten Hälfte des XIV. Jahrhunderts". In: *Mémoires de la Société néo-philologique de Helsinki* 9 (1932), S. 1-277.

Vennemann, Theo. „Zur Entstehung des Germanischen". In: *Sprachwissenschaft* 25 (2000), S. 234-296.

Weddige, Hilkert. *Mittelhochdeutsch. Eine Einführung.* München 2003 (C.-H.-Beck-Studium).